DR. OETKER

Oster
Backbuch

Russischer Osterkuchen,
Ostertorte vom Blech,
Osterzopf, Muffins...

Vorwort

Der tollste Spaß zu Ostern ist es doch, bunte Eier und
süße Überraschungen zu verstecken.
Und natürlich seine Lieben mit Kreationen aus der eigenen Backstube
zu verwöhnen. Seien es Kuchen, Torten, Kränze oder Brötchen,
hier finden Sie für jeden Geschmack etwas.

Alle Rezepte sind wie gewohnt leicht nachvollziehbar beschrieben,
von Dr. Oetker getestet und machen schon beim Zubereiten Spaß.

Abkürzungen

EL	=	Esslöffel
TL	=	Teelöffel
Msp.	=	Messerspitze
Pck.	=	Packung/Päckchen
g	=	Gramm
kg	=	Kilogramm
ml	=	Milliliter
l	=	Liter
Min.	=	Minuten
Std.	=	Stunden
evtl.	=	eventuell
geh.	=	gehäuft
gestr.	=	gestrichen
TK	=	Tiefkühlprodukt
°C	=	Grad Celsius
Ø	=	Durchmesser
E	=	Eiweiß
F	=	Fett
Kh	=	Kohlenhydrate
kcal	=	Kilokalorien
kJ	=	Kilojoule

Hinweise zu den Rezepten

Lesen Sie vor der Zubereitung das Rezept einmal vollständig durch. Oft werden Arbeitsabläufe oder -zusammenhänge dann klarer. Die in den Rezepten angegebenen Backtemperaturen und -zeiten sind Richtwerte, die je nach individueller Hitzeleistung des Backofens bzw. Material der verwendeten Formen über- oder unterschritten werden können. Beachten Sie bei Gasherden die Gebrauchsanweisung des Herstellers.

Zubereitungszeiten

Die Zubereitungszeit ist ein Anhaltswert für die Zeit für Vorbereitung und die eigentliche Zubereitung. Längere Wartezeiten wie z. B. Kühl- und Marinierzeiten, sowie die Backzeit sind nicht einbezogen.

Eierlikör-Osterhasen
(Titel und Vorwortfoto)

ZUTATEN

Für den Biskuitteig:
5 Eier (Größe M)
250 g gesiebter Puderzucker
2 Pck. Vanillin-Zucker
250 ml (¼ l) Speiseöl
250 ml (¼ l) Eierlikör
125 g Weizenmehl
125 g Speisestärke
4 gestr. TL Backpulver

75 g Halbbitter-Kuvertüre
50 g Schokoladenstreusel
30 g Kokosraspel

Tipp: *Falls Sie nur eine mittelgroße Hasenbackform haben, können Sie den restlichen Teig in einer Gugelhupfform (Ø 18 cm, gefettet, gemehlt) backen.*

ZUBEREITUNGSZEIT:
50 Minuten, ohne Abkühlzeit

INSGESAMT:
E: 70 g, F: 354 g, Kh: 622 g,
kJ: 25710, kcal: 6140

MIT ALKOHOL

1 Für den Teig Eier, Puderzucker und Vanillin-Zucker mit Handrührgerät mit Rührbesen auf höchster Stufe in 1 Minute schaumig schlagen. Speiseöl und Eierlikör unterschlagen. Mehl mit Speisestärke und Backpulver mischen, sieben und portionsweise auf mittlerer Stufe unterrühren.

2 Den Teig in eine große (1000 ml Inhalt) und 2 mittelgroße (300 ml Inhalt) Hasenbackformen (gefettet, gemehlt) füllen. Die Formen auf dem Rost in den Backofen schieben.

Ober-/Unterhitze: etwa 180 °C (vorgeheizt, untere Einschubleiste)
Heißluft: etwa 160 °C (vorgeheizt)
Gas: Stufe 2–3 (vorgeheizt)
Backzeit: 25–30 Minuten für die kleinen Formen,
50–60 Minuten für die große Form.

3 Die Gebäckhasen etwa 10 Minuten in den Formen stehen lassen, dann lösen und auf Kuchenroste stürzen. Hasen erkalten lassen.

4 Kuvertüre im Wasserbad bei schwacher Hitze zu einer geschmeidigen Masse verrühren, in ein Pergamentpapiertütchen füllen, eine kleine Spitze abschneiden. Gebäckhasen damit verzieren. Mit Schokoladenstreuseln und Kokosraspeln bestreuen. Kuvertüre fest werden lassen.

Tipp: *Für einen kunterbunten Osterhasen ohne Alkohol 175 g Butter mit Handrührgerät mit Rührbesen auf höchster Stufe geschmeidig rühren. Nach und nach 125 g Zucker, 1 Päckchen Vanillin-Zucker und 1 Päckchen Finesse Orangenfrucht unterrühren. So lange rühren, bis eine gebundene Masse entstanden ist. 3 Eier (Größe M) nach und nach unterrühren (jedes Ei etwa ½ Minute). 125 g Weizenmehl und 1 gestrichenen Teelöffel Backpulver mischen, sieben, portionsweise abwechselnd mit 75 g gemahlenen und 50 g gehackten Haselnusskernen unterrühren. Den Teig in eine Hasenbackform (1000 ml Inhalt, gefettet, gemehlt) füllen und wie unter Punkt 3 beschrieben 50–60 Minuten backen. Gebäckhasen etwa 10 Minuten in der Form stehen lassen, dann lösen, auf einen Kuchenrost stürzen und erkalten lassen. Den Hasen mit einem bunten Zuckerguss verzieren. Dazu 200 g gesiebten Puderzucker mit 2–3 Esslöffeln Wasser zu einem dickflüssigen Guss verrühren. Den Guss in Portionen aufteilen und mit verschiedenen Speisefarben einfärben. Den Hasen damit verzieren. Guss fest werden lassen.*

Osterei aus Blätterteig

ZUTATEN

450 g (6 Platten)
TK-Blätterteig

Zum Bestreichen:
1 Eigelb
1 EL Milch

Für die Füllung:
1 Pck. Tiramisu-Creme
(Dessertpulver)
200 ml Milch
100 ml Schlagsahne

Für den Belag:
1 Dose Mandarinen
(Abtropfgewicht 175 g)
250 g Erdbeeren

Zum Garnieren:
1 Zitrone (unbehandelt)
Melisseblättchen

ZUBEREITUNGSZEIT:

60 Minuten, ohne Ruhe-,
Auftau- und Kühlzeit

INSGESAMT:

E: 45 g, F: 150 g, Kh: 268 g,
kJ: 10970, kcal: 2618

ETWAS AUFWÄNDIGER

---

1 Für den Teig Blätterteigplatten nebeneinander zugedeckt bei Zimmertemperatur auftauen lassen.

2 Drei Blätterteigplatten aufeinander legen und auf einer bemehlten Arbeitsfläche zu einem Rechteck ausrollen, auf ein Backblech (mit Backpapier belegt) legen und ein Ei (25 x 35 cm) ausschneiden.

3 Restliche Teigplatten aufeinander legen, zu einem Rechteck (12 x 40 cm) ausrollen und der Länge nach in 4 Streifen schneiden. Teigstreifen etwas dehnen, mit Wasser bestreichen und in zwei Lagen auf den Rand des Eies drücken (kleben).

4 Zum Bestreichen Eigelb und Milch verschlagen, den Rand damit bestreichen. Den Teigboden mehrfach mit einer Gabel einstechen. Blätterteig-Ei etwa 30 Minuten ruhen lassen, evtl. die Teigmitte mit Alufolie auslegen. Das Backblech in den Backofen schieben.

Ober-/Unterhitze: etwa 200 °C (vorgeheizt)
Heißluft: etwa 180 °C (vorgeheizt)
Gas: Stufe 3–4 (vorgeheizt)
Backzeit: etwa 20 Minuten.

5 Nach 10 Minuten Backzeit evtl. die Alufolie entfernen. Blätterteig-Ei fertig backen.

6 Das Gebäckei mit dem Backpapier vom Backblech auf einen Kuchenrost ziehen und erkalten lassen.

7 Für die Füllung Tiramisu mit Milch und Sahne nach Packungsanleitung zubereiten. Das Gebäckei damit füllen, glatt streichen. Etwa 1 Stunde kalt stellen.

8 Für den Belag Mandarinen in einem Sieb gut abtropfen lassen. Erdbeeren waschen, abtropfen lassen, entstielen und in Scheiben schneiden. Mandarinen und Erdbeerscheiben auf der Creme verteilen.

9 Zum Garnieren Zitrone heiß abspülen, trockenreiben, mit einem Sparschäler dünn schälen. Schale in Streifen schneiden. Melisseblättchen abspülen und trockentupfen. Gebäckei mit Zitronenschale und Melisseblättchen garnieren.

Osterkranz

1 Für den Teig Mehl in eine Rührschüssel sieben, mit Trockenhefe sorgfältig vermischen. Salz, Zucker, Vanillin-Zucker, Zitronenschale, Kokosraspel, Eier, Butter oder Margarine, Milch und Sahne hinzufügen.

2 Die Zutaten mit Handrührgerät mit Knethaken zunächst auf niedrigster, dann auf höchster Stufe in etwa 5 Minuten zu einem Teig verarbeiten. Den Teig zugedeckt so lange an einem warmen Ort stehen lassen, bis er sich sichtbar vergrößert hat.

3 Den Teig leicht mit Mehl bestäuben, aus der Schüssel nehmen und auf einer bemehlten Arbeitsfläche kurz durchkneten.

4 Den Teig in vier Portionen teilen. 3 Teigportionen auf einer nicht bemehlten Arbeitsfläche zu einem jeweils etwa 50 cm lang Strang formen und zu einem Zopf flechten. Den Teigzopf auf einem Backblech (mit Backpapier belegt) zu einem Kranz formen. Aus der restlichen Teigportion 10 Kugeln und daraus kleine Stränge formen. Jeweils 2 Teigstränge zu einer Kordel zusammendrehen, als Eierhalter auf dem Kranz verteilen. Die rohen Eier hineinsetzen.

5 Den Teigkranz nochmals zugedeckt so lange an einem warmen Ort gehen lassen, bis er sich sichtbar vergrößert hat.

6 Zum Bestreichen Eigelb und Milch verschlagen, den Teigkranz damit bestreichen. Das Backblech in den Backofen schieben.

Ober-/Unterhitze: 180–200 °C (vorgeheizt)
Heißluft: 160–180 °C (nicht vorgeheizt)
Gas: etwa Stufe 3 (nicht vorgeheizt)
Backzeit: 30–40 Minuten.

7 Den Osterkranz mit dem Backpapier vom Backblech auf einen Kuchenrost ziehen und erkalten lassen.

ZUTATEN

Für den Hefeteig:
500 g Weizenmehl
1 Pck. Trockenhefe
1/2 gestr. TL Salz
75 g Zucker
1 Pck. Vanillin-Zucker
abgeriebene Schale von
1 Zitrone (unbehandelt)
3 EL Kokosraspel
2 Eier (Größe M)
100 g zerlassene abgekühlte
Butter oder Margarine
125 ml (1/8 l) lauwarme
Milch
125 ml (1/8 l) lauwarme
Schlagsahne

5 Eier (Größe M)

Zum Bestreichen:
1 Eigelb
1 EL Milch

ZUBEREITUNGSZEIT:

40 Minuten,
ohne Teiggehzeit

INSGESAMT:

E: 119 g, F: 196 g, Kh: 465 g,
kJ: 17086, kcal: 4079

KLASSISCH

Osterhasentorte

ZUTATEN

Für den Knetteig:
175 g Weizenmehl
1 gestr. TL Backpulver
50 g Zucker
2 Pck. Vanillin-Zucker
125 g Butter oder Margarine

10 g Kakaopulver
2 TL Milch

Für den Biskuitteig:
3 Eier (Größe M)
4 EL heißes Wasser
125 g Zucker
1 Pck. Vanillin-Zucker
75 g Weizenmehl
75 g Speisestärke
15 g Kakaopulver
2 gestr. TL Backpulver
75 g zerlassene
abgekühlte Butter

Zum Bestreichen:
2 EL Kirschkonfitüre

Für die Füllung:
1 Dose Mandarinen
(Abtropfgewicht 175 g)
600 ml Schlagsahne
2 Pck. Vanillin-Zucker
2 Pck. Sahnesteif
4 EL Mandarinensaft

Zum Garnieren:
bunte Zuckereier

Nach Belieben:
Zitronatstreifen

---

1 Für den Knetteig Mehl und Backpulver mischen, in eine Rührschüssel sieben. Zucker, Vanillin-Zucker und Butter oder Margarine hinzufügen. Die Zutaten mit Handrührgerät mit Knethaken zunächst kurz auf niedrigster, dann auf höchster Stufe gut durcharbeiten. Anschließend auf einer bemehlten Arbeitsfläche zu einem glatten Teig verkneten. Sollte er kleben, ihn in Folie gewickelt eine Zeit lang kalt stellen.

2 Ein Drittel des Teiges auf der bemehlten Arbeitsfläche dünn ausrollen. 24 Hasen (unterschiedliche Formen) und nach Belieben einige Ostereier ausstechen. Gebäck auf ein Backblech (mit Backpapier belegt) legen. Das Backblech in den Backofen schieben.

Ober-/Unterhitze: 180–200 °C (vorgeheizt)
Heißluft: 160–180 °C (vorgeheizt)
Gas: etwa Stufe 3 (vorgeheizt)
Backzeit: etwa 10 Minuten.

3 Das Gebäck mit dem Backpapier vom Backblech auf einen Kuchenrost ziehen. Gebäck erkalten lassen. Restlichen Teig mit Kakao und Milch verkneten, auf dem Boden einer Springform (Ø 26 cm, Boden gefettet) ausrollen. Teigboden mehrmals mit einer Gabel einstechen. Den Springformboden ohne Springformrand auf dem Rost in den Backofen schieben und den Boden **bei der oben angegebenen Backofentemperatur 12–15 Minuten** backen. Den Gebäckboden sofort vom Springformboden lösen, aber darauf erkalten lassen. Gebäckboden auf eine Tortenplatte legen.

4 Für den Biskuitteig Eier und Wasser mit Handrührgerät mit Rührbesen auf höchster Stufe in 1 Minute schaumig schlagen. Zucker und Vanillin-Zucker mischen, in 1 Minute einstreuen, dann noch etwa 2 Minuten schlagen. Mehl, Speisestärke, Kakao und Backpulver mischen, die Hälfte davon auf die Eiercreme sieben, kurz auf niedrigster Stufe unterrühren. Restliches Mehlgemisch auf die gleiche Weise unterarbeiten. Zuletzt Butter unterrühren. Den Teig in eine Springform (Ø 26 cm, Boden gefettet, mit Backpapier belegt) füllen. Die Form auf dem Rost in den Backofen schieben und bei gleicher Backofeneinstellung 20–30 Minuten backen.

5 Den Biskuitboden aus der Form lösen, auf einen Kuchenrost stürzen, mitgebackenes Backpapier abziehen. Biskuitboden erkalten

(Fortsetzung Seite 14)

ZUBEREITUNGSZEIT:

80 Minuten, ohne Kühl-
und Abkühlzeit

INSGESAMT:

E: 72 g, F: 389 g, Kh: 590 g,
kJ: 25778, kcal: 6152

DAUERT ETWAS LÄNGER

ZUTATEN

Für den Hefeteig:
500 g Weizenmehl
1 Pck. Trockenhefe
1 gestr. TL Salz
4 EL Speiseöl
gut 250 ml ($1/4$ l)
lauwarme Milch

2 EL Kondensmilch

Nach Belieben
zum Bestreuen:
30 g Hagelzucker

ZUBEREITUNGSZEIT:

65 Minuten,
ohne Teiggehzeit

INSGESAMT:

E: 66 g, F: 56 g, Kh: 408 g,
kJ: 9963, kcal: 2380

PREISWERT

---

lassen, einmal waagerecht durchschneiden. Knetteigboden mit Konfitüre bestreichen, den Biskuitboden darauf legen und leicht andrücken.

6 Für die Füllung Mandarinen in einem Sieb abtropfen lassen, den Saft dabei auffangen und 4 Esslöffel davon abmessen. Sahne mit Vanillin-Zucker und Sahnesteif steif schlagen. Mandarinensaft unterrühren. Die Hälfte der Sahne kalt stellen. Mandarinen unter die restliche Sahne heben. Die Sahne-Mandarinen-Masse auf den unteren Biskuitboden streichen und mit dem oberen Boden bedecken. Tortenrand und -oberfläche mit der kalt gestellten Sahne bestreichen. Den Tortenrand nach Belieben mit Zitronatstreifen garnieren. Die Torte mit Osterhasen und Zuckereiern garnieren.

Osterbrötchen

1 Für den Teig Mehl in eine Rührschüssel sieben, mit Trockenhefe sorgfältig vermischen. Salz, Speiseöl und Milch hinzufügen. Die Zutaten mit Handrührgerät mit Knethaken zunächst auf niedrigster, dann auf höchster Stufe in etwa 5 Minuten zu einem Teig verarbeiten.

2 Den Teig zugedeckt so lange an einem warmen Ort stehen lassen, bis er sich sichtbar vergrößert hat.

3 Den Teig leicht mit Mehl bestäuben, aus der Schüssel nehmen, auf einer bemehlten Arbeitsfläche nochmals kurz durchkneten, zu runden und länglichen Brötchen, Brezeln oder auch Hörnchen formen und auf ein Backblech (mit Backpapier belegt) legen.

4 Die runden Brötchen auf der Oberfläche über Kreuz, die langen Brötchen der Länge nach einschneiden und nochmals zugedeckt so lange an einem warmen Ort stehen lassen, bis sie sich sichtbar vergrößert haben.

5 Teigstücke mit Kondensmilch bestreichen, die Brötchen nachschneiden. Brezeln und Hörnchen nach Belieben mit Hagelzucker bestreuen. Das Backblech in den Backofen schieben.

Ober-/Unterhitze: 180–200 °C (vorgeheizt)
Heißluft: 160–180 °C (vorgeheizt)
Gas: Stufe 3–4 (vorgeheizt)
Backzeit: 15–20 Minuten.

6 Die Brötchen, Brezeln oder Hörnchen mit dem Backpapier vom Backblech auf einen Kuchenrost ziehen. Erkalten lassen.

Ostertanz

1 Für den Biskuitteig Eier und Eigelb mit Handrührgerät mit Rührbesen auf höchster Stufe in 1 Minute schaumig schlagen. Zucker und Vanillin-Zucker mischen, in 1 Minute einstreuen, dann noch etwa 2 Minuten schlagen. Mehl mit Backpulver mischen, auf die Eiercreme sieben, kurz auf niedrigster Stufe unterrühren. Den Teig auf ein Backblech (30 x 40 cm, gefettet, mit Backpapier belegt) geben und glatt streichen. Das Papier unmittelbar vor dem Teig zur Falte knicken, so dass ein Rand entsteht. Das Backblech in den Backofen schieben.

Ober-/Unterhitze: etwa 200 °C (vorgeheizt)
Heißluft: etwa 180 °C (vorgeheizt)
Gas: Stufe 3–4 (vorgeheizt)
Backzeit: 10–15 Minuten.

2 Die Biskuitplatte sofort auf mit Zucker bestreutes Backpapier stürzen. Mitgebackenes Backpapier mit Wasser bestreichen und vorsichtig, aber schnell abziehen. Biskuitplatte erkalten lassen.

3 Für den Knetteig Mehl mit Backpulver mischen, in eine Rührschüssel sieben. Zucker, Vanillin-Zucker, Ei und Butter oder Margarine hinzufügen. Die Zutaten mit Handrührgerät mit Knethaken zunächst kurz auf niedrigster, dann auf höchster Stufe gut durcharbeiten. Anschließend auf einer bemehlten Arbeitsfläche zu einem glatten Teig verkneten. Sollte er kleben, ihn in Folie gewickelt eine Zeit lang kalt stellen. Den Teig auf einem Backblech (30 x 40 cm, gefettet) ausrollen. Das Backblech in den Backofen schieben.

Ober-/Unterhitze: etwa 200 °C (vorgeheizt)
Heißluft: etwa 180 °C (vorgeheizt)
Gas: Stufe 3–4 (vorgeheizt)
Backzeit: 15–20 Minuten.

4 Das Backblech auf einen Kuchenrost stellen. Gebäckplatte darauf erkalten lassen. Für den Guss Schokolade in Stücke brechen, mit Speiseöl in einem kleinen Topf im Wasserbad bei schwacher Hitze geschmeidig rühren. Den Knetteigboden damit bestreichen und mit der Biskuitplatte bedecken. Einen Backrahmen darumstellen.

5 Für den Belag Sauerkirschen in einem Sieb abtropfen lassen, den Saft dabei auffangen und 500 ml (1/2 l) davon abmessen, evtl. mit

(Fortsetzung Seite 18)

ZUTATEN

Für den Biskuitteig:
4 Eier, 2 Eigelb (Größe M)
75 g Zucker
1 Pck. Vanillin-Zucker
90 g Weizenmehl
1 Msp. Backpulver

Für den Knetteig:
200 g Weizenmehl
1 gestr. TL Backpulver
75 g Zucker
1 Pck. Vanillin-Zucker
1 Ei (Größe M)
100 g Butter oder Margarine

Für den Guss:
100 g Zartbitterschokolade
2 TL Speiseöl

Für den Belag:
2 Gläser Sauerkirschen
(Abtropfgewicht je 370 g)
2 Pck. Tortenguss, rot
500 ml (1/2 l) Kirschsaft
40 g Zucker
etwa 3 EL Kirschwasser

500 ml (1/2 l) Schlagsahne
20 g Zucker
2 Pck. Sahnesteif

Nach Belieben zum Verzieren und Garnieren:
rote Speisefarbe
Ostereier

ZUBEREITUNGSZEIT:

80 Minuten, ohne Abkühl-
und Kühlzeit

INSGESAMT:

E: 103 g, F: 341 g, Kh: 753 g,
kJ: 27855, kcal: 6646

**MIT ALKOHOL
DAUERT LÄNGER**

ZUTATEN

200 g Löffelbiskuits
100 g Butter

Für die Füllung:
750 g Rhabarber, 100 g Zucker, 250 g frische Erdbeeren
60–80 g Speisestärke
4 EL Wasser, Zucker

Für den Belag:
400 ml Schlagsahne
2 Pck. Sahnesteif
250 g Sahnequark
2 Pck. Vanillin-Zucker
Saft von 1 Zitrone

Zum Garnieren:
1 EL gesiebter Puderzucker
1 TL gehackte Minzeblätter
1–2 EL geröstete,
gehobelte Mandeln

ZUBEREITUNGSZEIT:

60 Min., ohne Kühlzeit

INSGESAMT:

E: 69 g, F: 261 g, Kh: 402 g,
kJ: 17955, kcal: 4284

**FRUCHTIG
FÜR GÄSTE**

Wasser auffüllen. Aus Tortengusspulver, dem aufgefangenen Kirschsaft und Zucker nach Packungsanleitung einen Guss zubereiten. Kirschen unterrühren. Kirschmasse mit Kirschwasser abschmecken, abkühlen lassen, auf der Biskuitplatte verteilen. Kuchen etwa 1 Stunde kalt stellen.

6 Sahne mit Zucker und Sahnesteif steif schlagen und auf die Kirschmasse streichen. Nach Belieben zum Verzieren und Garnieren etwas von der steif geschlagenen Sahne mit roter Speisefarbe einfärben. Die Sahne in einen Spritzbeutel mit kleiner Lochtülle geben. Die Gebäckoberfläche nach Belieben damit verzieren und mit Ostereiern garnieren.

Frühlingstraum

1 Löffelbiskuits in einen Gefrierbeutel geben, Beutel fest verschließen. Löffelbiskuits mit einer Teigrolle fein zerbröseln und in eine Schüssel geben. Butter zerlassen, zu den Bröseln geben und gut verrühren. Einen Springformrand auf eine mit Tortenspitze belegte Tortenplatte stellen. Die Bröselmasse hineingeben und zu einem flachen Boden drücken.

2 Für die Füllung Rhabarber waschen, Stielenden und Blattansätze entfernen, Stangen in etwa 2 cm lange Stücke schneiden. Rhabarberstücke mit Zucker in einem Topf mischen und etwa 15 Minuten durchziehen lassen. Erdbeeren waschen, gut abtropfen lassen, entstielen und vierteln (einige Erdbeeren zum Garnieren beiseite legen). Rhabarber mit dem entstandenen Saft einige Minuten dünsten.

3 Speisestärke mit Wasser anrühren. Angerührte Speisestärke unter Rühren zur Rhabarbermasse geben und unter Rühren kurz aufkochen lassen. Topf von der Kochstelle nehmen. Erdbeeren vorsichtig unterrühren, mit Zucker abschmecken. Rhabarber-Erdbeer-Masse auf dem Biskuitboden verteilen. Die Torte etwa 1 Stunde kalt stellen.

4 Für den Belag Sahne mit Sahnesteif steif schlagen. Quark mit Vanillin-Zucker und Zitronensaft verrühren, Sahne unterheben. Die Quark-Sahne-Creme auf die Rhabarber-Erdbeer-Masse geben und mit einem Löffel wellenförmig verteilen. Die Torte nochmals 1–2 Stunden kalt stellen. Springformrand lösen und entfernen.

5 Die beiseite gelegten Erdbeeren in Scheiben schneiden, mit Puderzucker und gehackten Minzeblättchen vermengen. Die Tortenoberfläche damit garnieren. Den Tortenrand mit Mandeln bestreuen.

Osterhaus

ZUTATEN

Für den Rührteig:
100 g Butter oder Margarine
100 g Zucker
Salz
1 Ei (Größe M)
250 g Weizenmehl
1½ gestr. TL Backpulver
125 ml (⅛ l) Milch

Zum Bestreichen:
200 g gesiebter Puderzucker
1 Eiweiß oder 1–2 EL Wasser

Zum Garnieren:
Schokoladentäfelchen
bunte Zuckereier
Zuckerblümchen

Außerdem:
Papierschablonen
für die Seitenwände
Kartonwände
Kartonboden

ZUBEREITUNGSZEIT:
80 Minuten, ohne Abkühlzeit

INSGESAMT:
E: 46 g, F: 122 g, Kh: 563 g,
kJ: 14791, kcal: 3532

DAUERT LÄNGER

1 Für den Teig Butter oder Margarine mit Handrührgerät mit Rührbesen auf höchster Stufe geschmeidig rühren. Nach und nach Zucker und Salz unterrühren. So lange rühren, bis eine gebundene Masse entstanden ist.

2 Ei in etwa ½ Minute unterrühren. Mehl mit Backpulver mischen, sieben, portionsweise mit der Milch auf mittlerer Stufe unterrühren.

3 Den Teig auf ein Backblech (gefettet) geben und glatt streichen. Vor den Teig einen mehrfach geknickten Streifen Backpapier legen. Das Backblech in den Backofen schieben.

Ober-/Unterhitze: 180–200 °C (vorgeheizt)
Heißluft: 160–180 °C (vorgeheizt)
Gas: etwa Stufe 3 (vorgeheizt)
Backzeit: etwa 20 Minuten.

4 Die Gebäckplatte darf nicht stark bräunen. da sie sonst leicht bricht. Aus der heißen Gebäckplatte sofort die 4 Wände mit einer Papierschablone ausschneiden. Die Gebäckteile für die Seiten um die bereits zusammengeklebten Kartonwände legen, leicht andrücken und so erkalten lassen, dass auch die Gebäckteile die gewölbte Form bekommen. Aus dem restlichen Gebäck Motive nach Belieben ausschneiden und erkalten lassen.

5 Zum Bestreichen Puderzucker mit verschlagenem Eiweiß oder Wasser zu einer dickflüssigen Masse verrühren. Die Gebäckteile damit auf den Kartonboden kleben. Die Seitenwände mit dem Guss bestreichen und zusammensetzen. Das Osterhaus nach Belieben mit Schokoladentäfelchen, Zuckereiern und -blümchen garnieren. Die Süßigkeiten mit dem Guss ankleben. Ostergras auf den Kartonboden kleben und mit den zuvor gebackenen Motiven garnieren.

Osterküken im Tontopf

ZUTATEN
(12 Stück)

Für den Quark-Öl-Teig:
1 Dose Mandarinen
(Abtropfgewicht 175 g)
450 g Weizenmehl
1 Pck. Backpulver
150 g Magerquark
100 ml Mandarinensaft
100 ml Speiseöl
80 g Zucker
1 Pck. Vanillin-Zucker

12 neue unglasierte Ton-
Blumentöpfe (Ø etwa 8 cm)
ein Stück gelbe Pappe
braune Zuckerschrift

ZUBEREITUNGSZEIT:
40 Minuten, ohne Abkühlzeit

INSGESAMT:
E: 70 g, F: 114 g, Kh: 472 g,
kJ: 13327, kcal: 3182

**EINFACH
ZUM VERSCHENKEN**

1 Für den Teig Mandarinen in einem Sieb gut abtropfen lassen, den Saft dabei auffangen und 100 ml davon abmessen.

2 Mehl mit Backpulver mischen und in eine Rührschüssel sieben. Quark, Mandarinensaft, Speiseöl, Zucker und Vanillin-Zucker hinzufügen. Die Zutaten mit Handrührgerät mit Knethaken auf höchster Stufe in etwa 1 Minute zu einem Teig verarbeiten (nicht zu lange, Teig klebt sonst). Mandarinen vorsichtig unterkneten.

3 Den Teig leicht mit Mehl bestäuben, aus der Schüssel nehmen und in 12 gleich große Portionen teilen. Aus jeder Teigportion mit bemehlten Händen 1 große Kugel als Körper und 1 kleine Kugel als Kopf für die Küken formen.

4 Jeweils die große Teigkugel zuerst in die gesäuberten Tontöpfe (gefettet, gemehlt) geben, die kleine Kugel seitlich an den Rand darauf setzen (die Töpfe nur zur Hälfte mit der großen Teigkugel füllen, da der Teig stark „aufgeht"). Die gefüllten Tontöpfe auf ein Backblech stellen. Das Backblech in den Backofen schieben.

Ober-/Unterhitze: etwa 180 °C
(vorgeheizt, unterste Einschubleiste)
Heißluft: etwa 160 °C (nicht vorgeheizt)
Gas: etwa Stufe 3 (nicht vorgeheizt)
Backzeit: etwa 45 Minuten.

5 Die Gebäckküken in den Tontöpfen auf einen Kuchenrost stellen und erkalten lassen. Küken mit einem Messer vom Rand lösen.

6 Aus Pappe Rauten schneiden und zu Schnäbeln falten. Mit einem spitzen Messer jeweils einen kleinen Schlitz in der Breite des Schnabels in die Köpfe schneiden. Die Schnäbel hineinstecken.

7 Aus der restlichen Pappe Dreiecke schneiden und als Schwanzfedern in die Körper stecken. Mit Zuckerschrift Augen aufmalen.

Tipp: *Die Osterküken schmecken frisch am besten.*
Die Küken eignen sich gut als Tischkärtchen für den Ostertisch. Dann nach Belieben die Namen der Gäste auf Schnabel, Schwanz oder Topf schreiben.

Osterglocke

ZUTATEN

Für den Rührteig:
150 g Butter oder Margarine
150 g Zucker
1 Pck. Vanillin-Zucker
$1/2$ Fläschchen Rum-Aroma
3 Eier (Größe M)
150 g Weizenmehl
50 g Speisestärke
2 gestr. TL Backpulver

Für die Füllung:
1 Pck. Tortencreme
Vanille-Geschmack
300 ml Milch
150 g weiche Butter
oder Margarine
3 EL Eierlikör

Zum Garnieren:
Schokostreusel
Krokant
Liebesperlen

ZUBEREITUNGSZEIT:

55 Minuten, ohne Abkühlzeit

INSGESAMT:

E: 63 g, F: 329 g, Kh: 457 g,
kJ: 21234, kcal: 5070

MIT ALKOHOL

1 Für den Teig Butter oder Margarine mit Handrührgerät mit Rührbesen auf höchster Stufe geschmeidig rühren. Nach und nach Zucker, Vanillin-Zucker und Aroma unterrühren. So lange rühren, bis eine gebundene Masse entstanden ist.

2 Eier nach und nach unterrühren (jedes Ei etwa $1/2$ Minute). Mehl mit Speisestärke und Backpulver mischen, sieben, portionsweise auf mittlerer Stufe unterrühren.

3 Eine Osterglockenform auf ein Backblech (mit Backpapier belegt) stellen. Den Teig hineingeben. Das Backblech in den Backofen schieben.

Ober-/Unterhitze: 180–200 °C (vorgeheizt)
Heißluft: 160–180 °C (nicht vorgeheizt)
Gas: etwa Stufe 3 (nicht vorgeheizt)
Backzeit: etwa 35 Minuten.

4 Das Gebäck vom Backblech nehmen (Osterglockenform entfernen) und auf einem Kuchenrost erkalten lassen. Gebäck einmal waagerecht durchschneiden.

5 Für die Füllung aus Tortencremepulver, Milch und Butter oder Margarine nach Packungsanleitung eine Creme zubereiten. Eierlikör unterrühren. Knapp die Hälfte der Creme auf den unteren Gebäckboden streichen. Den oberen Gebäckboden darauf legen und leicht andrücken. Den Rand und die Oberfläche mit der Hälfte der Creme bestreichen. Restliche Creme in einen Spritzbeutel mit Sterntülle füllen. Die Glocke damit verzieren. Mit Schokostreuseln, Krokant und Liebesperlen garnieren.

Tipp: *Sollte keine Glockenform vorhanden sein, kann das Gebäck auch in einer Springform (Ø 28 cm) gebacken werden. Dann die Glocke ausschneiden, den restlichen Teig zerkrümeln und unter die Creme heben.*

Osterkorb

1 Den Teig in eine Schüssel geben, Raspelschokolade hinzufügen. Marzipan in kleine Würfel schneiden und unterheben. Den Teig in eine Gugelhupfform (Ø 22 cm, gefettet, gemehlt) geben und glatt streichen. Die Form auf dem Rost in den Backofen schieben.

Ober-/Unterhitze: etwa 180 °C (vorgeheizt)
Heißluft: etwa 160 °C (nicht vorgeheizt)
Gas: Stufe 2–3 (nicht vorgeheizt)
Backzeit: 50–55 Minuten.

2 Den Gugelhupf etwa 10 Minuten in der Form stehen lassen, dann aus der Form lösen und auf einen Kuchenrost stürzen. Gugelhupf erkalten lassen und von unten etwas aushöhlen. Konfitüre verrühren. Die ausgehöhlte Mulde damit bestreichen.

3 Zum Garnieren Marzipan mit Puderzucker und Speisefarbe verkneten und auf einer mit Puderzucker bestäubten Arbeitsfläche dünn ausrollen. Die Ränder des Marzipans zackig schneiden und den „Grasteppich" in den „Korb" legen.

4 Halbbitter-Kuvertüre in einem kleinen Topf im Wasserbad bei schwacher Hitze geschmeidig rühren und in einen kleinen Gefrierbeutel füllen. Eine kleine Ecke abschneiden. Einen „Griff" für den Korb auf Backpapier spritzen, kalt stellen und Kuvertüre fest werden lassen.

5 Weiße Kuvertüre ebenfalls im Wasserbad geschmeidig rühren, halbieren und eine Portion mit grüner Speisefarbe einfärben. Beide Portionen getrennt in je einen Gefrierbeutel füllen, eine kleine Ecke abschneiden. Die Überraschungseier mit farbigen Kuvertüren verzieren. Kuvertüre fest werden lassen. Die Eier auf das „Gras" in den „Korb" legen. Den „Griff" auf dem „Korbrand" befestigen. Dazu am Kuchenrand mit einem Messer zwei Einschnitte schneiden, den „Griff" etwas hineinstecken und mit Hilfe von zwei Holzspießen abstützen.

Tipp: *Besonders gut macht sich der Osterkorb, wenn er noch mit Marzipan-Osterfiguren geschmückt und auf einen „Rasen" aus grünen Fruchtgummischnüren gestellt wird.*
Sie können auch den Rührteig von Seite 36 zubereiten und wie oben angegeben weiterverarbeiten.

ZUTATEN

Für den Rührteig:
2 Pck. (je 400 g) Rührteig
aus dem Kühlregal
50 g Raspelschokolade
100 g Marzipan-Rohmasse

Zum Bestreichen:
1–2 EL Aprikosenkonfitüre

Zum Garnieren:
100 g Marzipan-Rohmasse
20 g gesiebter Puderzucker
grüne Speisefarbe
50 g Halbbitter-Kuvertüre
50 g weiße Kuvertüre
6–7 Schokoladen-
Überraschungseier

Holzspieße

ZUBEREITUNGSZEIT:

50 Minuten, ohne Kühlzeit

INSGESAMT:

E: 84 g, F: 314 g, Kh: 611 g,
kJ: 23279, kcal: 5578

FÜR KINDER

Osterhase und Osterhenne

ZUTATEN

Für den Hefeteig:
500 g Weizenmehl
1 Pck. Trockenhefe
125 g Zucker
1 Pck. Vanillin-Zucker
Salz
75 g zerlassene abgekühlte
Butter oder Margarine
250 ml (¼ l) lauwarme
Milch

Zum Bestreichen:
1 Eigelb
1 EL Milch

Für den Guss:
200 g gesiebter Puderzucker
1 verschlagenes Eiweiß
oder 1–2 EL Wasser
etwas Kakaopulver
etwas gelbe Speisefarbe

Zum Garnieren:
Liebesperlen
bunte Zucker-Ostereier

ZUBEREITUNGSZEIT:

85 Minuten, ohne Teiggeh-
und Abkühlzeit

INSGESAMT:

E: 72 g, F: 102 g, Kh: 743 g,
kJ: 17446, kcal: 4166

**FÜR KINDER
AUFWÄNDIG**

1 Für den Teig Mehl in eine Rührschüssel sieben, mit Trockenhefe sorgfältig vermischen. Zucker, Vanillin-Zucker, Salz, Butter oder Margarine und Milch hinzufügen. Die Zutaten mit Handrührgerät mit Knethaken zunächst auf niedrigster, dann auf höchster Stufe in etwa 5 Minuten zu einem Teig verarbeiten. Den Teig zugedeckt so lange an einem warmen Ort stehen lassen, bis er sich sichtbar vergrößert hat.

2 Den Teig leicht mit Mehl bestäuben, aus der Schüssel nehmen, auf einer bemehlten Arbeitsfläche kurz durchkneten und halbieren. Jeweils eine Teighälfte auf einem Backblech (gefettet) zu einem Rechteck (etwa 32 x 35 cm) ausrollen. Restlichen Teig nochmals ausrollen und etwa ½ cm breite Streifen ausschneiden. Je 2 Streifen zu einer Kordel drehen. Den Rand der Teigrechtecke damit umlegen.

3 Jeweils einen Osterhasen und eine Osterhenne auf Papier zeichnen und ausschneiden. Die Papier-Schablonen auf die Teigrechtecke legen, mit einem Messerrücken die Konturen auf dem Teig eindrücken.

4 Zum Bestreichen Eigelb mit Milch verschlagen. Die Teigränder (Kordeln) damit bestreichen. Die Teigrechtecke am oberen Rand mit einem Loch versehen. Nochmals zugedeckt so lange an einem warmen Ort gehen lassen, bis sie sich sichtbar vergrößert haben. Die Backbleche nacheinander (bei Heißluft zusammen) in den Backofen schieben.

Ober-/Unterhitze: 200–220 °C (vorgeheizt)
Heißluft: 180–200 °C (vorgeheizt)
Gas: etwa Stufe 4 (vorgeheizt)
Backzeit: etwa 15 Minuten je Backblech.

5 Das Gebäck von den Backblechen lösen und auf Kuchenrosten erkalten lassen.

6 Für den Guss Puderzucker mit Eiweiß oder Wasser zu einer dickflüssigen Masse verrühren und in 3 Portionen teilen. Eine Portion mit Kakao, eine weitere Portion mit gelber Speisefarbe einfärben, dritte Portion weiß lassen. Den Guss jeweils in ein Pergamentpapiertütchen füllen und je eine kleine Ecke abschneiden. Osterhase und -henne mit dem weißen, braunen und gelben Guss verzieren. Mit Liebesperlen und Ostereiern garnieren. Guss fest werden lassen.

Osterhäschen

ZUTATEN

Für den Hefeteig:
450 g Weizenmehl
1 Pck. Trockenhefe
1 Prise Salz
70 g gesiebter Puderzucker
1 Pck. Vanillin-Zucker
1 Pck. Finesse Geriebene
Zitronenschale
1 Ei (Größe M)
1 Eigelb (Größe M)
60 g zerlassene abgekühlte
Butter oder Margarine
200 ml lauwarme Milch

Zum Bestreichen:
1 Ei

**Zum Garnieren
und Bestäuben:**
einige Rosinen
etwas Puderzucker

ZUBEREITUNGSZEIT:

55 Minuten,
ohne Teiggehzeit

INSGESAMT:

E: 76 g, F: 81 g, Kh: 442 g,
kJ: 11667, kcal: 2786

FÜR KINDER

1 Für den Teig Mehl in eine Rührschüssel sieben, mit Trockenhefe sorgfältig vermischen. Salz, Puderzucker, Vanillin-Zucker, Zitronenschale, Ei, Eigelb, Butter oder Margarine und Milch hinzufügen.

2 Die Zutaten mit Handrührgerät mit Knethaken zunächst auf niedrigster, dann auf höchster Stufe in etwa 5 Minuten zu einem Teig verarbeiten. Den Teig zugedeckt so lange an einem warmen Ort stehen lassen, bis er sich sichtbar vergrößert hat.

3 Den Teig leicht mit Mehl bestäuben, aus der Schüssel nehmen, auf einer bemehlten Arbeitsfläche kurz durchkneten und in 10 gleich große Portionen teilen.

4 Jeweils ein Drittel der Teigportionen für die Köpfe und je etwas Teig für die Schwänzchen abnehmen, beiseite legen. Restlichen Teig jeweils zu Rollen formen, dabei die Enden etwas dünner rollen und für die Füße den Teig etwas einschneiden. Die geformten Teigrollen auf ein Backblech (mit Backpapier belegt) legen.

5 Zum Bestreichen Ei verschlagen, die Teigoberfläche damit bestreichen. Die beiseite gelegten Teigstücke für die Köpfe jeweils tropfenförmig formen. An den spitzen Enden Ohren einschneiden und auf die Körper (Rollen) legen. Die Teigstücke für die Schwänzchen zu Kugeln formen und ebenfalls auf die Körper (Rollen) legen. Köpfe und Schwänzchen mit dem restlichen verschlagenen Ei bestreichen. Rosinen für die Augen eindrücken.

6 Die Teighäschen nochmals zugedeckt so lange an einem warmen Ort gehen lassen, bis sie sich sichtbar vergrößert haben. Das Backblech in den Backofen schieben.

Ober-/Unterhitze: etwa 180 °C (vorgeheizt)
Heißluft: etwa 160 °C (vorgeheizt)
Gas: Stufe 2–3 (vorgeheizt)
Backzeit: etwa 25 Minuten.

7 Die Osterhäschen mit dem Backpapier vom Backblech auf einen Kuchenrost ziehen. Osterhäschen erkalten lassen. Mit Puderzucker bestäuben.

Osternest

ZUTATEN

Für den Rührteig:
200 g Butter oder Margarine
200 g Zucker
1 Pck. Vanillin-Zucker
5 Eier (Größe M)
300 g Weizenmehl
1 Pck. Pudding-Pulver
Karamell-Geschmack
1 Pck. Backpulver
125 ml (1/8 l) Milch
50 g Nuss-Nougat-Creme

Für den Knetteig:
125 g Weizenmehl
1 Msp. Backpulver
50 g Marzipan-Rohmasse
50 g Butter oder Margarine
50 g Zucker
1 Pck. Vanillin-Zucker
1–2 EL Milch

Zum Bestreichen:
1 EL Milch

Für den Guss:
150 g gesiebter Puderzucker
etwa 2 EL Wasser
gelbe und grüne Speisefarbe

**Zum Garnieren
und Verzieren:**
100 g Marzipan-Rohmasse
25 g gesiebter Puderzucker
grüne Speisefarbe
20 g Zartbitterschokolade
bunte kleine Liebesperlen

1 Für den Rührteig Butter oder Margarine mit Handrührgerät mit Rührbesen auf höchster Stufe geschmeidig rühren. Nach und nach Zucker und Vanillin-Zucker unterrühren. So lange rühren, bis eine gebundene Masse entstanden ist. Eier nach und nach unterrühren (jedes Ei etwa 1/2 Minute). Mehl mit Pudding-Pulver und Backpulver mischen, sieben und abwechselnd portionsweise mit der Milch auf mittlerer Stufe unterrühren. Zwei Drittel des Teiges in eine Kranzform (Ø 24 cm, gefettet, gemehlt) geben. Mit einem Löffel eine durchgehende Vertiefung in den Teig ziehen. Restlichen Teig mit Nuss-Nougat-Creme verrühren und mit einem Löffel in der Vertiefung verteilen. Die Form auf dem Rost in den Backofen schieben.

Ober-/Unterhitze: etwa 180 °C (vorgeheizt)
Heißluft: etwa 160 °C (nicht vorgeheizt)
Gas: Stufe 2–3 (nicht vorgeheizt)
Backzeit: etwa 50 Minuten.

2 Den Gebäckkranz auf einen mit Backpapier belegten Kuchenrost stürzen und erkalten lassen.

3 Für den Knetteig Mehl mit Backpulver mischen und in eine Rührschüssel sieben. Restliche Zutaten hinzugeben und mit Handrührgerät mit Knethaken zunächst kurz auf niedrigster, dann auf höchster Stufe gut durcharbeiten. Anschließend auf einer bemehlten Arbeitsfläche zu einem glatten Teig verkneten. Sollte er kleben, ihn in Folie gewickelt eine Zeit lang kalt stellen. Den Teig auf der bemehlten Arbeitsfläche etwa 1/2 cm dick ausrollen und mit Hilfe einer Schablone einen Hasen ausschneiden. Aus dem restlichen Teig mit einem Plätzchenausstecher mehrere Eier ausstechen. Hase und Eier auf ein Backblech (mit Backpapier belegt) legen und mit Milch bestreichen. Das Backblech in den Backofen schieben und bei der **oben angegebenen Temperatur 15–20 Minuten** backen.

4 Das Gebäck mit dem Backpapier vom Backblech auf einen Kuchenrost ziehen. Gebäck erkalten lassen.

5 Für den Guss Puderzucker mit Wasser zu einer dickflüssigen Masse verrühren. 1 Esslöffel davon abnehmen, mit etwas gelber Speisefarbe verrühren. Restlichen Guss mit grüner Speisefarbe verrühren. Gebäckkranz mit grünem Guss so überziehen, dass „Nasen" herunterlaufen.

(Fortsetzung Seite 34)

ZUBEREITUNGSZEIT:
15 Minuten, ohne Abkühlzeit

INSGESAMT:
E: 111 g, F: 327 g, Kh: 924 g,
kJ: 29604, kcal: 7087

EINFACH

ZUTATEN
Für den Biskuitteig:
2 Eier (Größe M)
2–3 EL heißes Wasser
100 g Zucker
1 Pck. Vanillin-Zucker
75 g Weizenmehl
25 g Speisestärke
1 gestr. TL Backpulver

Für die Füllung:
600 ml Schlagsahne
25 g gesiebter Puderzucker
1 Pck. Vanillin-Zucker
2 Pck. Sahnesteif
150 g gemahlene geröstete
Haselnusskerne

Zum Bestäuben:
Puderzucker

ZUBEREITUNGSZEIT:
35 Minuten, ohne Abkühlzeit

INSGESAMT:
E: 52 g, F: 301 g, Kh: 276 g,
kJ: 16786, kcal: 4007

EINFACH

6 Zum Garnieren und Verzieren Marzipan mit Puderzucker und grüner Speisefarbe verkneten, durch ein Sieb oder eine Küchenreibe drücken. Das so entstandene „Gras" auf den Kranz in den noch feuchten Guss legen. Guss fest werden lassen. Schokolade im Wasserbad bei schwacher Hitze geschmeidig rühren. Schokolade und den gelben Zuckerguss getrennt in je einen kleinen Gefrierbeutel geben. Eine kleine Ecke abschneiden. Hasen und Eier damit verzieren. Mit Liebesperlen bestreuen. Verzierung fest werden lassen. Das Nest mit Hasen und Eiern schmücken.

Nusstorte mit Osterhäschen

1 Für den Teig Eier und Wasser mit Handrührgerät mit Rührbesen auf höchster Stufe in 1 Minute schaumig schlagen. Zucker und Vanillin-Zucker mischen, in 1 Minute einstreuen, dann noch etwa 2 Minuten schlagen. Mehl mit Speisestärke und Backpulver mischen, die Hälfte davon auf die Eiercreme sieben, kurz auf niedrigster Stufe unterrühren. Restliches Mehlgemisch auf die gleiche Weise unterarbeiten. Den Teig in eine Springform (Ø 26 cm, Boden gefettet, mit Backpapier belegt) füllen. Die Form auf dem Rost in den Backofen schieben.

Ober-/Unterhitze: 180–200 °C (vorgeheizt)
Heißluft: 160–180 °C (vorgeheizt)
Gas: etwa Stufe 3 (vorgeheizt)
Backzeit: 20–30 Minuten.

2 Den Tortenboden aus der Form lösen, auf einen mit Backpapier belegten Kuchenrost stürzen, mitgebackenes Backpapier abziehen. Tortenboden erkalten lassen, einmal waagerecht durchschneiden.

3 Für die Füllung Sahne mit Puderzucker, Vanillin-Zucker und Sahnesteif steif schlagen. Haselnusskerne (2 Esslöffel für den Rand beiseite legen) unterheben. Den unteren Tortenboden auf eine Tortenplatte legen. Gut zwei Drittel der Nusssahne darauf geben und glatt streichen. Den oberen Tortenboden darauf legen und etwas andrücken. Den Tortenrand mit der restlichen Nusssahne bestreichen und mit den beiseite gelegten Haselnusskernen bestreuen.

4 16 Osterhasen auf Pergament- oder Backpapier (Größe des Tortenbodens) aufzeichnen, ausschneiden und auf die Tortenoberfläche legen. Tortenoberfläche mit Puderzucker bestäuben. Papier vorsichtig entfernen.

Frühlingstorte

ZUTATEN

Für den Rührteig:
250 g Butter oder Margarine
250 g Zucker
1 Pck. Vanillin-Zucker
5 Eier (Größe M)
250 g Weizenmehl
2 gestr. TL Backpulver

Für die Füllung:
500 g Magerquark
3 EL Zitronensaft
500 ml (1/2 l) Schlagsahne
50 g Zucker
2 Pck. Sahnesteif

Zum Bestreichen:
4 EL Johannisbeergelee

Zum Bestreuen:
etwa 50 g gehackte Pistazienkerne oder abgezogene, gehackte, gebräunte Mandeln

Zum Bestäuben:
2 gestr. TL Kakaopulver
2 geh. TL Puderzucker

ZUBEREITUNGSZEIT:
65 Minuten, ohne Abkühlzeit

INSGESAMT:
E: 152 g, F: 431 g, Kh: 579 g,
kJ: 28533, kcal: 6812

FÜR GÄSTE

1 Für den Teig Butter oder Margarine mit Handrührgerät mit Rührbesen auf höchster Stufe geschmeidig rühren. Nach und nach Zucker und Vanillin-Zucker unterrühren. So lange rühren, bis eine gebundene Masse entstanden ist.

2 Eier nach und nach unterrühren (jedes Ei etwa 1/2 Minute). Mehl mit Backpulver mischen, sieben, portionsweise auf mittlerer Stufe unterrühren.

3 Den Teig in eine Springform (Ø 26 cm, Boden gefettet) geben und glatt streichen. Die Form auf dem Rost in den Backofen schieben.

Ober-/Unterhitze: etwa 180 °C (vorgeheizt)
Heißluft: etwa 160 °C (nicht vorgeheizt)
Gas: Stufe 2–3 (nicht vorgeheizt)
Backzeit: etwa 40 Minuten.

4 Den Gebäckboden aus der Form lösen und auf einem Kuchenrost erkalten lassen. Gebäckboden zweimal waagerecht durchschneiden.

5 Für die Füllung Quark in eine Schüssel geben und mit dem Zitronensaft verrühren. Sahne mit Zucker und Sahnesteif steif schlagen und vorsichtig unterheben.

6 Den unteren Gebäckboden auf eine Tortenplatte legen, mit der Hälfte des Johannisbeergelees und mit einem Drittel der Quarksahne bestreichen. Den mittleren Gebäckboden darauf legen, restliches Gelee darauf streichen und mit der Hälfte der restlichen Quarksahne bestreichen. Den oberen Gebäckboden darauf geben. Tortenrand und -oberfläche mit der restlichen Quarksahne bestreichen. Tortenrand mit Pistazienkernen oder Mandeln bestreuen.

7 12 oder 16 Frühjahrsblüten als Papierschablonen schneiden und auf die Tortenoberfläche legen.

8 Zum Bestäuben Kakao mit Puderzucker mischen. Die Tortenoberfläche dick damit bestäuben. Schablonen vorsichtig abheben.

Tipp: *Garnieren Sie die Torte zusätzlich mit Schokoladeneiern oder Fondant.*

Bunte Ostereier

ZUTATEN

Für den Knetteig:
250 g Weizenmehl
75 g Zucker
1 Pck. Vanillin-Zucker
1 Ei (Größe M)
100 g Butter oder Margarine

Zum Bestreichen:
1–2 EL Johannisbeergelee

Für den Guss:
150 g gesiebter Puderzucker
1 verschlagenes Eiweiß
oder 2 EL Wasser

Zum Garnieren:
Süßigkeiten, z.B. Liebes-
perlen, Schokostreusel

ZUBEREITUNGSZEIT:

35 Minuten, ohne Abkühl-
und Trockenzeit

INSGESAMT:

E: 39 g, F: 98 g, Kh: 474 g
kJ: 12271, kcal: 2930

ZUM VERSCHENKEN

1 Für den Teig Mehl in eine Rührschüssel sieben. Zucker, Vanillin-Zucker, Ei und Butter oder Margarine hinzufügen. Die Zutaten mit Handrührgerät mit Knethaken zunächst kurz auf niedrigster, dann auf höchster Stufe gut durcharbeiten.

2 Anschließend auf einer bemehlten Arbeitsfläche zu einem glatten Teig verkneten. Sollte er kleben, ihn in Folie gewickelt eine Zeit lang kalt stellen.

3 Den Teig auf einer bemehlten Arbeitsfläche dünn ausrollen, mit einer Ausstechform ovale Plätzchen ausstechen und auf Backbleche (mit Backpapier belegt) legen. In jedes Plätzchen an der Spitze ein Loch mit einem Holzstäbchen zum Aufhängen durchstechen. Die Backbleche nacheinander (bei Heißluft zusammen) in den Backofen schieben.

Ober-/Unterhitze: 180–200 °C (vorgeheizt)
Heißluft: 160–180 °C (vorgeheizt)
Gas: etwa Stufe 3 (vorgeheizt)
Backzeit: 8–10 Minuten je Backblech.

4 Das Gebäck mit dem Backpapier von den Backblechen auf Kuchenroste ziehen. Gebäck erkalten lassen.

5 Zum Bestreichen Gelee verrühren. Die Hälfte der Plätzchen auf der Unterseite damit bestreichen, die übrigen Plätzchen darauf legen und gut andrücken.

6 Für den Guss Puderzucker mit Eiweiß oder Wasser zu einer dickflüssigen Masse verrühren. Die Plätzchen damit bestreichen und mit den Süßigkeiten garnieren. Guss trocknen lassen.

7 Durch jedes Plätzchen ein kleines Bändchen zum Aufhängen durchziehen und als Geschenkanhänger oder Osterschmuck verwenden.

Ostertorte

ZUTATEN

Für den Biskuitteig:
2 Eier, 2 Eigelb (Größe M)
2 EL heißes Wasser
100 g Zucker
1 Pck. Vanillin-Zucker
100 g Weizenmehl
1 gestr. TL Backpulver
50 g abgezogene, gemahlene Mandeln, 25 g zerlassene, abgekühlte Butter

Für die Baisermasse:
2 Eiweiß (Größe M)
1 Prise Salz, 50 g Zucker
100 g gesiebter Puderzucker

75 g Halbbitter-Kuvertüre
etwas Kokosfett

Für die Füllung:
3 gestr. TL gemahlene
Gelatine, weiß
3 EL kaltes Wasser
150 g Naturjoghurt
1 Glas Wildpreiselbeeren
(Abtropfgewicht 175 g)
1 EL Zitronensaft
500 ml (1/2 l) Schlagsahne

ZUBEREITUNGSZEIT:

60 Minuten, ohne Quell-
und Kühlzeit

INSGESAMT:

E: 79 g, F: 269 g, Kh: 424 g,
kJ: 18601, kcal: 4444

RAFFINIERT

40

1 Für den Teig aus den angegebenen Zutaten wie auf Seite 34 beschrieben einen Biskuitteig zubereiten. Zuletzt Mandeln und Butter vorsichtig unterheben. Den Teig in eine Springform (Ø 22 cm, Boden gefettet, mit Backpapier belegt) füllen. Die Form auf dem Rost in den Backofen schieben.

Ober-/Unterhitze: 180–200 °C (vorgeheizt)
Heißluft: 160–180 °C (vorgeheizt)
Gas: etwa Stufe 3 (vorgeheizt)
Backzeit: 20–25 Minuten.

2 Boden aus der Form lösen, auf einen Kuchenrost stürzen, Backpapier abziehen. Boden erkalten lassen, zweimal durchschneiden.

3 Für die Baisermasse Eiweiß und Salz mit Handrührgerät mit Rührbesen steif schlagen. Nach und nach Zucker und Puderzucker unterschlagen. Die Masse in einen Spritzbeutel mit Lochtülle (Ø 0,5 cm) füllen und zwei Platten (Ø 14 cm) auf ein Backblech (mit Backpapier belegt) spritzen. Für die Hasen Köpfe und Rümpfe, für die Ohren und zum Garnieren Stäbchen in der Länge von 4 cm und 5,5 cm mit auf das Backblech spritzen. Das Backblech in den Backofen schieben.

Ober-/Unterhitze: etwa 120 °C (vorgeheizt)
Heißluft: etwa 100 °C (nicht vorgeheizt)
Backzeit: 70–100 Minuten.

4 Gebäck vom Backpapier lösen, auf einem Kuchenrost erkalten lassen. Kuvertüre mit Kokosfett in einem kleinen Topf im Wasserbad schmelzen. Häschen mit dem Guss zusammensetzen, Gesichter damit verzieren. Die Baiserböden von beiden Seiten mit dem restlichen Guss bestreichen, fest werden lassen.

5 Für die Füllung Gelatine mit kaltem Wasser anrühren, 10 Minuten quellen lassen, unter Rühren erwärmen, bis die Gelatine völlig gelöst ist, leicht abkühlen lassen. Joghurt, Preiselbeeren und Zitronensaft verrühren. Gelatine unterrühren, kalt stellen. Sahne steif schlagen. Wenn die Masse anfängt dicklich zu werden, Sahne unterheben. Biskuit- und Baiserböden mit zwei Drittel der Preiselbeercreme zusammensetzen. Tortenränder und -oberfläche mit restlicher Preiselbeercreme bestreichen. Die kleine auf die große Torte setzen, etwa 3 Stunden kalt stellen. Torte kurz vor dem Verzehr mit den Baiserhäschen und -stäbchen garnieren.

Osterzöpfe

ZUTATEN
(2 Stück)

Zum Vorbereiten:
250 g Rosinen
100 g gehacktes Orangeat
100 g gehacktes Zitronat
(Sukkade)
100 g abgezogene, gehackte
Mandeln, 4 EL Rum

Für den Hefeteig:
1 kg Weizenmehl
1 Pck. (42 g) frische Hefe
100 g gesiebter Puderzucker
500 ml (1/2 l) lauwarme
Milch, 1/2 gestr. TL Salz
abgeriebene Schale von
1 Zitrone (unbehandelt)
2 Eier (Größe M)
200 g zerlassene abgekühlte
Butter oder Margarine

**Zum Bestreichen
und Bestäuben:**
100 g zerlassene Butter
100 g gesiebter Puderzucker

ZUBEREITUNGSZEIT:
55 Minuten, ohne Durchzieh-
und Teiggehzeit

INSGESAMT:
E: 174 g, F: 347 g, Kh: 1264 g,
kJ: 37731, kcal: 9011

**DAUERT LÄNGER
MIT ALKOHOL**

1 Zum Vorbereiten Rosinen mit Orangeat, Zitronat und Mandeln vermengen, mit Rum beträufeln und etwa 30 Minuten durchziehen lassen.

2 Für den Teig Mehl in eine Rührschüssel sieben. In die Mitte eine Vertiefung drücken. Hefe hineinbröckeln, etwas Puderzucker und etwas von der Milch hinzufügen. Mit einer Gabel vorsichtig verrühren und etwa 10 Minuten stehen lassen.

3 Restlichen Puderzucker, Salz, Zitronenschale, Eier, Butter oder Margarine und restliche Milch hinzufügen. Die Zutaten mit Handrührgerät mit Knethaken zunächst auf niedrigster, dann auf höchster Stufe in etwa 5 Minuten zu einem Teig verarbeiten. Den Teig zugedeckt so lange an einem warmen Ort gehen lassen, bis er sich sichtbar vergrößert hat. Den Teig halbieren und je zur Hälfte die Rumfrüchte unterkneten.

4 Jeweils aus einer Teighälfte auf einer bemehlten Arbeitsfläche 3 etwa 25 cm lange Rollen formen. Die Rollen zu einem Zopf flechten und auf je ein Backblech (mit Backpapier belegt) legen.

5 Teigzöpfe nochmals zugedeckt so lange an einem warmen Ort gehen lassen, bis sie sich sichtbar vergrößert haben. Die Backbleche nacheinander (bei Heißluft zusammen) in den Backofen schieben.

Ober-/Unterhitze: etwa 180 °C (vorgeheizt)
Heißluft: etwa 160 °C (nicht vorgeheizt)
Gas: Stufe 2–3 (nicht vorgeheizt)
Backzeit: 35–40 Minuten je Backblech.

6 Während der Backzeit die Zöpfe mit etwas von der Butter bestreichen.

7 Die Backbleche auf je einen Kuchenrost stellen. Die Osterzöpfe mit der restlichen Butter bestreichen und erkalten lassen. Mit Puderzucker bestäuben.

Obst-Osterei

ZUTATEN

Für den Knetteig:
150 g Weizenmehl
1 Msp. Backpulver
50 g Zucker
1 Pck. Bourbon-Vanille-Zucker
50 g Butter oder Margarine
1 Ei (Größe M)
1–2 EL Sherry
oder Orangensaft

Für den Biskuitteig:
3 Eier (Größe M)
125 g Zucker
1 Pck. Vanillin-Zucker
50 g Weizenmehl
1 gestr. TL Backpulver
100 g gemahlene
Haselnusskerne
30 g zerlassene,
abgekühlte Butter

Zum Bestreichen:
100 g Aprikosenkonfitüre

Für den Belag:
etwa 650 g gut abgetropfte
Früchte aus der Dose
(z. B. Birnen, Mandarinen)
2 Pck. Tortenguss, klar
60 g Zucker
250 ml (^{1}/$_4$ l) Saft, z. B.
Birnen- oder Mandarinensaft
250 ml (^{1}/$_4$ l) Wasser

1 Für den Knetteig Mehl mit Backpulver mischen und in eine Rührschüssel sieben. Zucker, Vanille-Zucker, Butter oder Margarine, Ei, Sherry oder Orangensaft hinzufügen. Die Zutaten mit Handrührgerät mit Knethaken zunächst kurz auf niedrigster, dann auf höchster Stufe gut durcharbeiten. Anschließend auf einer bemehlten Arbeitsfläche zu einem glatten Teig verkneten. Sollte er kleben, ihn in Folie gewickelt eine Zeit lang kalt stellen.

2 Gut drei Viertel des Teiges auf einem Backblech (30 x 40 cm, gefettet) in Größe eines Ei-Tortenrings (Ø etwa 22 cm) ausrollen. Ei-Tortenring um den Teig stellen. Restlichen Teig auf der bemehlten Arbeitsfläche dünn ausrollen und mit Ausstechformen verschiedene Motive ausstechen, z. B. Küken, Blüten. Diese ebenfalls auf das Backblech legen. Das Backblech in den Backofen schieben.

Ober-/Unterhitze: etwa 180 °C (vorgeheizt)
Heißluft: etwa 160 °C (vorgeheizt)
Gas: Stufe 2–3 (vorgeheizt)
Backzeit: etwa 15 Minuten.

3 Das Backblech auf einen Kuchenrost stellen. Den Tortenring vom Gebäck lösen und entfernen. Das Gebäck vom Backblech lösen, aber darauf erkalten lassen.

4 Für den Biskuitteig Eier mit Handrührgerät mit Rührbesen auf höchster Stufe in 1 Minute schaumig schlagen. Zucker und Vanillin-Zucker mischen, in 1 Minute einstreuen, dann noch etwa 2 Minuten schlagen. Mehl mit Backpulver mischen, auf die Eiercreme sieben und kurz auf niedrigster Stufe unterrühren. Haselnusskerne und Butter vorsichtig unterheben.

5 Den gesäuberten Ei-Tortenring auf ein zweites Backblech (mit Backpapier belegt) stellen. Biskuitteig hineingeben und glatt streichen. Das Backblech in den Backofen schieben und den Biskuit bei gleicher Backofeneinstellung etwa 30 Minuten fertig backen.

6 Tortenring lösen und entfernen. Biskuitboden auf einen mit Backpapier belegten Kuchenrost stürzen, mitgebackenes Backpapier abziehen. Biskuitboden erkalten lassen.

(Fortsetzung Seite 46)

ZUBEREITUNGSZEIT:
40 Minuten, ohne Abkühlzeit

INSGESAMT:
E: 68 g, F: 164 g, Kh: 655 g,
kJ: 18346, kcal: 4380

**FRUCHTIG
AUFWÄNDIG**

ZUTATEN
Für den Hefeteig:
500 g Weizenmehl
1 Pck. Trockenhefe, 50 g Zucker, 1 Pck. Vanillin-Zucker
1 Fläschchen Butter-Vanille-
Aroma, 1 Prise Salz
2 Eier (Größe M)
50 g zerlassene abgekühlte
Butter oder Margarine
100 ml lauwarme Milch
125 ml ($1/8$ l) lauwarme
Schlagsahne

Zum Bestreichen:
1 Eigelb, 1 EL Milch

Bunte, gekochte Ostereier

ZUBEREITUNGSZEIT:
55 Minuten,
ohne Teiggehzeit

INSGESAMT:
E: 81 g, F: 109 g, Kh: 432 g,
kJ: 12663, kcal: 3024

KLASSISCH

7 Den Knetteigboden mit etwas von der Konfitüre bestreichen, Biskuitboden darauf legen und mit der restlichen Konfitüre bestreichen. Den gesäuberten Ei-Tortenring darumstellen.

8 Für den Belag Früchte in einem Sieb abtropfen lassen, den Saft dabei auffangen und 250 ml ($1/4$ l) davon abmessen. Früchte in Spalten schneiden und dekorativ auf dem Gebäckei verteilen. Einen Guss aus Tortengusspulver, Zucker, Saft und Wasser nach Packungsanleitung zubereiten und auf den Früchten verteilen. Guss fest werden lassen. Vor dem Servieren Tortenring lösen und entfernen. Das Osterei mit den Gebäckmotiven garnieren.

Osterkränzchen

1 Für den Teig Mehl in eine Rührschüssel sieben, mit Trockenhefe sorgfältig vermischen. Zucker, Vanillin-Zucker, Aroma, Salz, Eier, Butter oder Margarine, Milch und Sahne hinzufügen. Die Zutaten mit Handrührgerät mit Knethaken zunächst auf niedrigster, dann auf höchster Stufe in etwa 5 Minuten zu einem Teig verarbeiten. Den Teig zugedeckt so lange an einem warmen Ort stehen lassen, bis er sich sichtbar vergrößert hat.

2 Den Teig leicht mit Mehl bestäuben, aus der Schüssel nehmen und auf einer bemehlten Arbeitsfläche kurz durchkneten. 16 Rollen (etwa 20 cm lang) daraus formen. Je 2 Rollen umeinander schlingen, sie als Kränzchen auf Backbleche (mit Backpapier belegt) legen. Nochmals zugedeckt so lange an einem warmen Ort gehen lassen, bis sie sich sichtbar vergrößert haben.

3 Eigelb mit Milch verschlagen. Die Teigkränzchen damit bestreichen. Die Backbleche nacheinander (bei Heißluft zusammen) in den Backofen schieben.

Ober-/Unterhitze: 180–200 °C (vorgeheizt)
Heißluft: 160–180 °C (nicht vorgeheizt)
Gas: etwa Stufe 3 (nicht vorgeheizt)
Backzeit: 30–40 Minuten je Backblech.

4 Die Kränzchen mit dem Backpapier von den Backblechen auf Kuchenroste ziehen. Kränzchen erkalten lassen. In die Mitte der Kränzchen je ein Osterei legen.

Russischer Osterkuchen

ZUTATEN

Für den Hefeteig:
500 g Weizenmehl
1 Pck. Trockenhefe
1 Prise Salz, 100 g Zucker
1/2 gestr. TL gemahlener
Kardamom
1 Pck. Finesse Geriebene
Zitronenschale
3 Eigelb (Größe M)
125 ml (1/8 l) lauwarme
Milch
150 g zerlassene abgekühlte
Butter oder Margarine
75 g Rosinen
25 g Korinthen
25 g gewürfeltes Zitronat
(Sukkade)
60 g abgezogene grob
gehackte Mandeln

Für den Guss:
200 g gesiebter Puderzucker
2–3 EL Zitronensaft
gelbe Speisefarbe

Zum Garnieren:
einige Marzipanblumen

ZUBEREITUNGSZEIT:

45 Minuten, ohne Teiggeh-
und Abkühlzeit

INSGESAMT:

E: 89 g, F: 201 g, Kh: 771 g,
kJ: 22104, kcal: 5257

GUT VORZUBEREITEN

---

1 Für den Teig Mehl in eine Rührschüssel sieben, mit Trockenhefe sorgfältig vermischen. Salz, Zucker, Kardamom, Zitronenschale, Eigelb, Milch und Butter oder Margarine hinzufügen.

2 Die Zutaten mit Handrührgerät mit Knethaken zunächst auf niedrigster, dann auf höchster Stufe in etwa 5 Minuten zu einem Teig verarbeiten. Den Teig zugedeckt so lange an einem warmen Ort stehen lassen, bis er sich sichtbar vergrößert hat.

3 Den Teig leicht mit Mehl bestäuben, aus der Schüssel nehmen und auf einer bemehlten Arbeitsfläche nochmals kurz durchkneten. Rosinen, Korinthen, Zitronat und Mandeln unterkneten.

4 Den Teig in eine Gugelhupfform (Ø 24 cm, gefettet) füllen (die Form darf nur zur Hälfte gefüllt sein). Den Teig nochmals so lange an einem warmen Ort gehen lassen, bis er sich sichtbar vergrößert hat. Die Form auf dem Rost in den Backofen schieben.

Ober-/Unterhitze: etwa 180 °C (vorgeheizt)
Heißluft: etwa 160 °C (nicht vorgeheizt)
Gas: Stufe 2–3 (nicht vorgeheizt)
Backzeit: etwa 65 Minuten.

5 Den Kuchen etwa 10 Minuten in der Form stehen lassen, dann aus der Form lösen und auf einen mit Backpapier belegten Kuchenrost stürzen. Kuchen erkalten lassen.

6 Für den Guss Puderzucker mit Zitronensaft zu einer dickflüssigen Masse verrühren. Die Hälfte des Gusses mit gelber Speisefarbe einfärben. Den Kuchen abwechselnd mit dem weißen und dem gelben Guss überziehen, so dass „Nasen" herunterlaufen. Marzipanrosen in den feuchten Guss drücken. Guss fest werden lassen.

Henne und Küken

ZUTATEN

Für den Hefeteig:
500 g Weizenmehl
1 Pck. Trockenhefe
etwas Salz
50 g Zucker
1 Pck. Vanillin-Zucker
2 Eier (Größe M)
100 g zerlassene abgekühlte
Butter oder Margarine
gut 125 ml ($^1/_8$ l)
lauwarme Milch

Zum Bestreichen:
1 Eigelb
1–2 EL Milch

Rosinen für die Augen

Für den Guss:
etwas gesiebter Puderzucker
etwas Eiweiß
Speisefarbe

ZUBEREITUNGSZEIT:

65 Minuten, ohne Teiggeh-
und Abkühlzeit

INSGESAMT:

E: 80 g, F: 112 g, Kh: 463 g,
kJ: 13267, kcal: 3168

FÜR KINDER

---

1 Für den Teig Mehl in eine Rührschüssel sieben, mit Trockenhefe sorgfältig vermischen. Restliche Zutaten hinzufügen, mit Hand-rührgerät mit Knethaken zunächst auf niedrigster, dann auf höchster Stufe in etwa 5 Minuten zu einem Teig verarbeiten. Den Teig zugedeckt so lange an einem warmen Ort stehen lassen, bis er sich sichtbar ver-größert hat.

2 Den Teig leicht mit Mehl bestäuben, aus der Schüssel nehmen, auf einer bemehlten Arbeitsfläche nochmals kurz durchkneten und etwa $^1/_2$ cm dick ausrollen. Henne (einschließlich Flügel) nach Schablone ausschneiden oder ausrädeln und auf ein Backblech (mit Backpapier belegt) legen.

3 Zum Bestreichen Eigelb mit Milch verschlagen. Die Teigflügel auf der Unterseite damit bestreichen und auf die „Henne" legen. Für die Küken restlichen Teig knapp 1 cm dick ausrollen. Etwa 10 Plättchen (Ø etwa 7 cm) und 20 Plättchen (Ø etwa 3 cm) ausstechen. Die großen Teigplättchen auf ein zweites Backblech (mit Backpapier belegt) legen. Je 1 kleines Teigplättchen mit Hilfe von der restlichen Eigelbmilch an die größeren Teigplättchen legen. Die restlichen kleinen Teigplättchen je zweimal einschneiden, etwas auseinander ziehen und als Flügel (Unter-seite mit Eigelbmilch bestreichen) auf den Kükenkörper legen. Aus dem restlichen Teig Schnäbel formen und anlegen. Henne und Küken mit der restlichen Eigelbmilch bestreichen.

4 Rosinen klein schneiden. Je ein Rosinenstückchen als Auge in den Teig drücken. Teighenne und -küken nochmals zugedeckt so lange gehen lassen, bis sie sich sichtbar vergrößert haben. Die Backbleche nacheinander (bei Heißluft zusammen) in den Backofen schieben.

Ober-/Unterhitze: 180–200 °C (vorgeheizt)
Heißluft: 160–180 °C (vorgeheizt)
Gas: etwa Stufe 3 (vorgeheizt)
Backzeit: Henne 15–20 Minuten, Küken: 10–15 Minuten.

5 Henne und Küken mit dem Backpapier von den Backblechen auf Kuchenroste ziehen und erkalten lassen.

6 Für den Guss Puderzucker mit Eiweiß und Speisefarbe zu einer dickflüssigen Masse verrühren. Henne und Küken damit verzieren.

Ostertorte ohne Backen

ZUTATEN

Für den Biskuitboden:
20 Löffelbiskuits
50 g geriebene Zartbitterschokolade
100 g Butter

Für die Füllung:
6 Blatt weiße Gelatine
250 g Ricotta (italienischer
Frischkäse)
1 Becher (250 g) Schmand
Saft von 1 Zitrone
120 g gesiebter Puderzucker
2 EL Rum
20 Löffelbiskuits
200 ml Schlagsahne

Zum Garnieren:
einige Erdbeeren

Zum Bestreichen:
200 ml Schlagsahne
1 Pck. Sahnesteif

eine Erdbeerhälfte
2 Schokolinsen
einige Spaghetti

ZUBEREITUNGSZEIT:

65 Minuten, ohne Kühlzeit

INSGESAMT:

E: 79 g, F: 331 g, Kh: 323 g,
kJ: 19512, kcal: 4659

MIT ALKOHOL

1 Für den Boden Löffelbiskuits in einen Gefrierbeutel geben, Beutel fest verschließen. Löffelbiskuits mit einer Teigrolle fein zerbröseln und in eine Schüssel geben. Butter zerlassen, mit der Schokolade zu den Bröseln geben und gut verrühren.

2 Einen Springformrand (Ø 24 cm) auf eine evtl. mit Tortenspitze belegte Tortenplatte stellen. Die Bröselmasse hineingeben und zu einem flachen Boden andrücken.

3 Für die Füllung Gelatine in kaltem Wasser nach Packungsanleitung einweichen. Ricotta, Schmand, Zitronensaft und Puderzucker in eine Schüssel geben, gut verrühren. Rum erwärmen (nicht kochen). Gelatine ausdrücken und unter Rühren in dem Rum auflösen. Etwas von der Frischkäsemasse mit der aufgelösten Gelatine verrühren, dann mit der restlichen Frischkäsemasse verrühren. Löffelbiskuits wie unter Punkt 1 beschrieben zerbröseln und unter die Frischkäsemasse rühren. Sahne steif schlagen und unterheben. Die Masse auf dem Biskuitbröselboden verteilen. Torte etwa 3 Stunden kalt stellen.

4 Springformrand mit Hilfe eines Messers lösen und entfernen.

5 Zum Garnieren Erdbeeren putzen, waschen, entstielen, abtropfen lassen und halbieren (einige Erdbeerhälften in Scheiben schnei-den). Den Tortenrand mit den Erdbeerhälften garnieren. Die Erdbeer-scheiben so auf die Tortenoberfläche legen, dass ein Hasen-Gesicht entsteht.

6 Zum Bestreichen Sahne mit Sahnesteif steif schlagen und in einen Spritzbeutel mit Lochtülle füllen. Augen und Schnauze aufspritzen. Eine Erdbeerhälfte als Nase auflegen. Mit Schokolinsen für die Pupillen und Spaghetti für die Barthaare garnieren. Mit Biskuitbröseln bestreuen. Torte bis zum Verzehr kalt stellen.

Osterhasen-Torte

ZUTATEN

Für den Biskuitteig:
4 Eier (Größe M)
4 EL heißes Wasser
150 g Zucker, 1 Pck. Natür-
liches Jamaica-Rum-Aroma
150 g Weizenmehl
1 gestr. TL Backpulver
70 g Kokosraspel, 70 g zerlassene abgekühlte Butter

Für die Creme:
250 ml ($1/4$ l) Milch
80 g Zucker
25 g Speisestärke
30 g Kokosraspel, 2 EL Rum
250 ml ($1/4$ l) Schlagsahne
1 Pck. Sahnesteif

4 EL Sauerkirschkonfitüre

400 ml Schlagsahne
2 Pck. Sahnesteif

**Zum Garnieren
und Verzieren:**
150 g Marzipan-Rohmasse
etwas rote Speisefarbe
60 g gesiebter Puderzucker
etwas aufgelöste
Kakaoglasur

ZUBEREITUNGSZEIT:

85 Minuten, ohne Abkühlzeit

INSGESAMT:

E: 88 g, F: 403 g, Kh: 554 g,
kJ: 26166, kcal: 6247

ETWAS AUFWÄNDIGER

1 Für den Teig Eier und Wasser mit Handrührgerät mit Rührbesen auf höchster Stufe in 1 Minute schaumig schlagen. Zucker und Aroma mischen, in 1 Minute einstreuen, dann noch etwa 2 Minuten schlagen.

2 Mehl mit Backpulver mischen, die Hälfte davon auf die Eiercreme sieben, kurz auf niedrigster Stufe unterrühren. Restliches Mehlgemisch auf die gleiche Weise unterarbeiten. Kokosraspel und Butter unterheben. Den Teig in eine Springform (Ø 26 cm, Boden gefettet, mit Backpapier belegt) geben und glatt streichen. Die Form auf dem Rost in den Backofen schieben.

Ober-/Unterhitze: etwa 180 °C (vorgeheizt)
Heißluft: etwa 160 °C (vorgeheizt)
Gas: Stufe 2–3 (vorgeheizt)
Backzeit: etwa 30 Minuten.

3 Den Biskuitboden auf einen mit Backpapier belegten Kuchenrost stürzen, mitgebackenes Backpapier abziehen. Biskuitboden erkalten lassen.

4 Für die Creme Milch, Zucker und Speisestärke in einem kleinen Topf gut verrühren, unter Rühren aufkochen lassen. Den Topf von der Kochstelle nehmen. Kokosraspel und Rum unterrühren. Die Creme erkalten lassen, dabei ab und zu umrühren. Sahne mit Sahnesteif steif schlagen und unterheben.

5 Aus den Seiten des Gebäckbodens kleine Halbmonde ausschneiden. Gebäckboden zweimal waagerecht durchschneiden. Die einzelnen Böden mit Konfitüre bestreichen und mit der Creme wieder zusammensetzen.

6 Sahne mit Sahnesteif steif schlagen. Tortenoberfläche und -rand mit der Hälfte der Sahne bestreichen. Restliche Sahne in einen Spritzbeutel mit Lochtülle füllen. Für die Füße und Ohren Ovale aufspritzen. Für die Nase zwei große Tupfen und für die Augen zwei kleine Tupfen aufspritzen.

7 Zum Garnieren und Verzieren Marzipan-Rohmasse mit Speisefarbe und Puderzucker verkneten, auf einer mit Puderzucker bestäubten Arbeitsfläche etwa 2 mm dick ausrollen. Füße und Ohren in der Größe

(Fortsetzung Seite 56)

der aufgespritzten Ovale ausschneiden. Für die Nase ein Dreieck und für die Füße 6 runde Plättchen ausschneiden. Den Osterhasen damit garnieren. Mit Hilfe eines Teelöffels etwas Glasur auf die Augen tupfen. Die Torte dick mit Kokosraspeln bestreuen (Kokosraspel mit einem Pinsel vorsichtig vom Marzipan entfernen).

Tipp: *Aus den ausgeschnittenen Halbmonden kleine Rumkugeln herstellen. Dafür die Gebäckreste zerbröseln, mit Orangenlikör verkneten und zu kleinen Kugeln formen. Nach Belieben mit aufgelöster Schokolade überziehen.*

Eierlikör-Muffins

1 Für den Teig Eier, Puderzucker und Vanillin-Zucker mit Handrührgerät mit Rührbesen auf höchster Stufe in 1 Minute schaumig schlagen.

2 Speiseöl und Eierlikör unterrühren. Mehl, Speisestärke und Backpulver mischen, sieben, portionsweise auf mittlerer Stufe unterrühren.

3 Den Teig in eine Muffinform (für 12 Muffins, gefettet, gemehlt) geben. Die Form auf dem Rost in den Backofen schieben.

Ober-/Unterhitze: etwa 180 °C (vorgeheizt)
Heißluft: etwa 160 °C (vorgeheizt)
Gas: Stufe 2–3 (vorgeheizt)
Backzeit: etwa 25 Minuten.

4 Kurz vor Beendigung der Backzeit Hagelzucker auf die Muffins streuen und fertig backen.

5 Die Muffins etwa 10 Minuten in der Form stehen lassen, dann lösen. Muffins auf einem Kuchenrost erkalten lassen.

6 Zum Verzieren und Garnieren Sahne mit Zucker und Sahnesteif steif schlagen. Sahne in einen Spritzbeutel mit Lochtülle füllen. Die Muffins mit je einem Sahnetuff verzieren. Orangenscheiben vierteln und in die Sahnetuffs stecken.

Tipp: *Die Muffins nach dem Backen mit aufgelöster Schokolade (weiß und Zartbitter) besprenkeln. Reichen Sie die Muffins mit einer Eierlikör-Sahne. Dazu 250 ml (1/4 l) Sahne steif schlagen und 3 Esslöffel Eierlikör unterheben.*

ZUTATEN

Für den Biskuitteig:
4 Eier (Größe M)
200 g gesiebter Puderzucker
2 Pck. Vanillin-Zucker
200 ml Speiseöl
200 ml Eierlikör
100 g Weizenmehl
100 g Speisestärke
3 gestr. TL Backpulver

30 g Hagelzucker

Zum Verzieren
und Garnieren:
250 ml (1/4 l) Schlagsahne
1 EL Zucker
1 Pck. Sahnesteif
6 dünne Orangenscheiben

ZUBEREITUNGSZEIT:

35 Minuten, ohne Abkühlzeit

INSGESAMT:

E: 54 g, F: 323 g, Kh: 497 g,
kJ: 22042, kcal: 5263

RAFFINIERT

Osterhasen, pikant gefüllt

ZUTATEN

Für den Knetteig:
250 g Weizenmehl
125 g Butter oder Margarine
1 Ei (Größe M)
1/2 gestr. TL Salz
frisch gemahlener Pfeffer
50 g abgezogene
gemahlene Mandeln

Für die Füllung:
1 Pck. (200 g) Doppelrahm-
Frischkäse
2 EL Crème fraîche
3 EL Schnittlauchröllchen
Salz
frisch gemahlener Pfeffer

ZUBEREITUNGSZEIT:
65 Minuten, ohne Abkühlzeit

INSGESAMT:
E: 68 g, F: 209 g, Kh: 193 g,
kJ: 12161, kcal: 2905

GUT VORZUBEREITEN

1 Für den Teig Mehl in eine Rührschüssel sieben. Butter oder Margarine, Ei, Salz, Pfeffer und Mandeln hinzugeben. Die Zutaten mit Handrührgerät mit Knethaken zunächst kurz auf niedrigster, dann auf höchster Stufe gut durcharbeiten.

2 Anschließend auf einer bemehlten Arbeitsfläche zu einem glatten Teig verkneten. Sollte er kleben, ihn in Folie gewickelt eine Zeit lang kalt stellen.

3 Den Teig auf der bemehlten Arbeitsfläche dünn ausrollen und mit einer Ausstechform nicht zu kleine Hasen ausstechen und auf ein Backblech (mit Backpapier belegt) legen. Das Backblech in den Backofen schieben.

Ober-/Unterhitze: 180–200 °C (vorgeheizt)
Heißluft: 160–180 °C (vorgeheizt)
Gas: etwa Stufe 3 (vorgeheizt)
Backzeit: 12–15 Minuten.

4 Die Gebäckhasen mit dem Backpapier vom Backblech auf einen Kuchenrost ziehen. Gebäckhasen erkalten lassen.

5 Für die Füllung Frischkäse und Crème fraîche verrühren. Schnittlauchröllchen unterrühren. Mit Salz und Pfeffer würzen. Die Frischkäsecreme in einen Spritzbeutel mit kleiner Lochtülle füllen. Die Hälfte der Gebäckhasen mit der Creme bespritzen. Die restlichen Osterhasen darauf setzen und sofort servieren.

Tipp: *Gebäck ohne Füllung in gut schließenden Dosen aufbewahren und kurz vor dem Verzehr mit der Frischkäsecreme füllen. Die gefüllten Osterhasen mit Radieschenscheiben, Schnittlauch und Petersilie garniert servieren.*

Frühlingsbrötchen

ZUTATEN

Für den Hefeteig:
375 g Weizenmehl
(Type 550)
1 Pck. Trockenhefe
1–2 gestr. TL Salz
1 TL Zucker
150 g Magermilchjoghurt
125 ml (1/8 l) lauwarme
Milch

Kondensmilch
Sesamsamen

Für den Frühlingsquark:
500 g Magerquark
etwas Milch
1 fein gewürfelte Zwiebel
2 EL fein gehackte Kräuter,
z. B. Petersilie, Schnittlauch
Salz
frisch gemahlener Pfeffer
Paprikapulver edelsüß

Nach Belieben
zum Bestreuen:
rote und gelbe Paprikawürfel

ZUBEREITUNGSZEIT:

60 Minuten,
ohne Teiggehzeit

INSGESAMT:

E: 124 g, F: 22 g, Kh: 316 g,
kJ: 8241, kcal: 1968

FÜR GÄSTE

1 Für den Teig Mehl in eine Rührschüssel sieben, mit Trockenhefe sorgfältig vermischen. Salz, Zucker, Joghurt und Milch hinzufügen. Die Zutaten mit Handrührgerät mit Knethaken zunächst auf niedrigster, dann auf höchster Stufe in etwa 5 Minuten zu einem Teig verarbeiten. Den Teig zugedeckt so lange an einem warmen Ort stehen lassen, bis er sich sichtbar vergrößert hat.

2 Den Teig leicht mit Mehl bestäuben, aus der Schüssel nehmen, auf einer bemehlten Arbeitsfläche nochmals kurz durchkneten und in 4 Portionen teilen. Aus jeder Teigportion ein flaches längliches Brötchen formen und auf ein Backblech (mit Backpapier belegt) legen. Teigoberfläche mit einem scharfen Messer mehrmals diagonal etwa 1 cm tief einschneiden. Teigbrötchen nochmals zugedeckt so lange an einem warmen Ort gehen lassen, bis sie sich sichtbar vergrößert haben.

3 Teigbrötchen mit Kondensmilch bestreichen und mit Sesam bestreuen. Das Backblech in den Backofen schieben.

Ober-/Unterhitze: etwa 200 °C (vorgeheizt)
Heißluft: etwa 180 °C (vorgeheizt)
Gas: Stufe 3–4 (vorgeheizt)
Backzeit: etwa 15 Minuten.

4 Die Brötchen mit dem Backpapier vom Backblech auf einen Kuchenrost ziehen. Brötchen erkalten lassen und einmal waagerecht durchschneiden.

5 Für den Frühlingsquark Quark in eine Schüssel geben. Milch, Zwiebelwürfel und Kräuter unterrühren. Mit Salz, Pfeffer und Paprika würzen.

6 Die Brötchenhälften mit dem Frühlingsquark füllen und auf einer Platte anrichten. Nach Belieben mit Paprikawürfeln bestreut servieren.

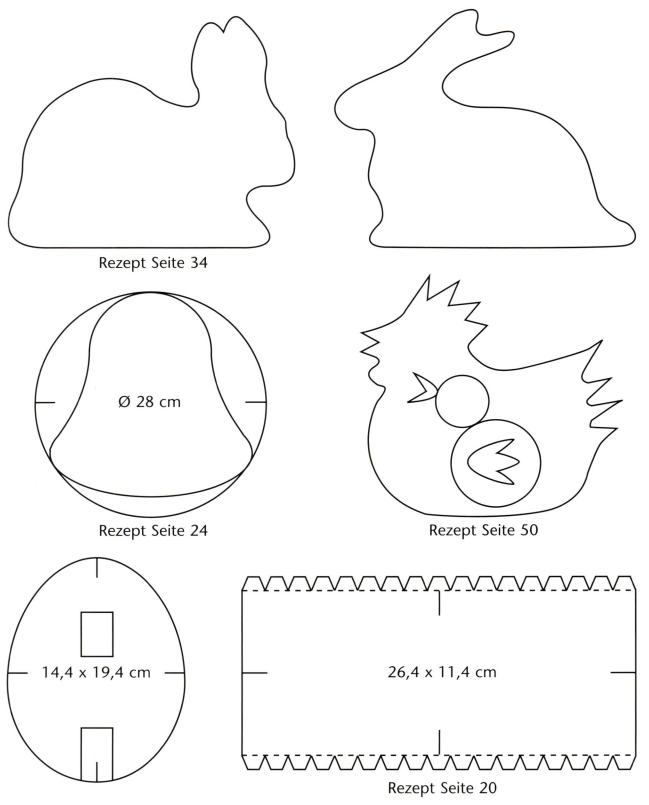

Register

B

Bunte Ostereier 38

E

Eierlikör-Muffins 56

Eierlikör-Osterhasen **(Titel und Vorwortfoto)** 6

F

Frühlingsbrötchen 60

Frühlingstorte 36

Frühlingstraum 18

H

Henne und Küken 50

N

Nusstorte mit Osterhäschen 34

O

Obst-Osterei 44

Osterbrötchen 14

Osterei aus Blätterteig 8

Ostereier, bunte 38

Osterglocke 24

Osterhasen, pikant gefüllt 58

Osterhasentorte 12

Osterhasen-Torte 54

Osterhäschen 30

Osterhase und Osterhenne 28

Osterhaus 20

Osterkranz 10

Osterkränzchen 46

Osterkuchen, russischer 48

Osterküken im Tontopf 22

Osterkorb 26

Osternest 32

Ostertanz 16

Ostertorte 40

Ostertorte ohne Backen 52

Osterzöpfe 42

R

Russischer Osterkuchen 48

Umwelthinweis	Dieses Buch und der Einband wurden auf chlorfrei gebleichtem Papier gedruckt. Die Einschrumpffolie – zum Schutz vor Verschmutzung – ist aus umweltfreundlichem und recyclingfähigem PE-Material.
	Wenn Sie Anregungen, Vorschläge oder Fragen zu unseren Büchern haben, rufen Sie uns unter folgender Nummer an (0521) 155 25 80 oder 52 06 50 oder schreiben Sie uns: Dr. Oetker Verlag KG, Am Bach 11, 33602 Bielefeld oder besuchen Sie uns im Internet unter www.oetker.de
Copyright	© 2006 by Dr. Oetker Verlag KG, Bielefeld
Redaktion	Carola Reich, Annette Riesenberg
Titelfoto **Innenfotos**	Thomas Diercks, Hamburg Thomas Diercks, Hamburg (S. 9, 19, 57, 61) Brigitte Wegner, Bielefeld (S. 5, 7, 11, 13, 15, 17, 23, 29, 37, 47, 49, 59) Bernd Lippert, Bielefeld (S. 27, 33) Ulrich Kopp, Füssen (S. 35) Kramp & Gölling, Hamburg (S. 41, 45, 51) Norbert Toelle, Bielefeld (S. 43) Foto-Studio Büttner, Bielefeld (S. 21, 25, 39) Dr. Oetker GmbH, Villach, Österreich (S. 31, 53, 55)
Rezeptentwicklung und -beratung	Mechthild Plogmaker, Dr. Oetker Versuchsküche
Nährwertberechnungen	Nutri Service, Hennef
Grafisches Konzept **Gestaltung** **Titelgestaltung**	KonturDesign, Bielefeld KonturDesign, Bielefeld KonturDesign, Bielefeld
Reproduktionen **Satz** **Druck und Bindung**	Repro Schmidt, Dornbirn, Österreich JUNFERMANN Druck & Service, Paderborn MOHN Media Mohndruck GmbH, Güterloh
	Die Autoren haben dieses Buch nach bestem Wissen und Gewissen erarbeitet. Alle Rezepte, Tipps und Ratschläge sind mit Sorgfalt ausgewählt und geprüft. Eine Haftung des Verlages und seiner Beauftragten für alle erdenklichen Schäden an Personen, Sach- und Vermögensgegenständen ist ausgeschlossen. Nachdruck, auch auszugsweise, nur mit ausdrücklicher Genehmigung und Quellenangabe gestattet.
	ISBN: 3-7670-0586-7